EL LIBRO DE LOS NEGOCIOS RENTABLES

TODAS LAS PREGUNTAS Y RESPUESTAS
QUE NECESITAS SABER PARA HACER
CRECER UN NEGOCIO RENTABLE

Darilyn Aquino Serrano

ÍNDICE

A la luz de mis ojos, Olivier Máximo por ser la fuente de inspiración que me ha motivado a dar finalmente el paso de publicar mi primer libro formal. Este libro va por ti.

INTRODUCCIÓN

Lo has decidido, ha llegado la hora de montar tu empresa, estas motivado, quieres comenzar ya! Entiendes que tu idea es la bomba y te harás de dinero con ella, pero espera!!!!! No te lances sin paracaídas, primero estudia, evalúa y prueba. En esto consiste el proceso de llegar a esa idea que se convertirá en un negocio rentable.

Un emprendedor inicia un viaje a lo desconocido, a la incertidumbre, pero con ilusión.

Libros para emprendedores hay por docenas, sin embargo, libros para emprendedores que te proporcionen información realista, directa, fácil de entender y al mismo tiempo te proporcione las claves para emprender un negocio rentable, hay pocos.

Esa es la razón principal que me ha llevado escribir este libro, ya que como emprendedora siempre estoy constantemente en búsqueda de información y conocimientos que me lleven al siguiente nivel, lo cual hoy en día es muy escaso.

Cuando emprendes inicias ilusionado, en las nubes, con un montón de sueños por alcanzar y de ideas por ejecutar. Sin embargo, cuando las aplicas y ejecutas en el mundo real, no llegan a parecerse en lo mínimo a cómo te lo habías imaginado.

Con esta guía de preguntas y respuestas lo que pretendo es ayudarte y formar parte de tu paracaídas y de tu red de seguridad al momento de dar el salto.

Recuerda que, en este momento lo importante es comprender y estudiar el camino del emprendimiento, encontrar una idea de negocio, así como también verificar y probar la viabilidad de tu idea de negocio.

Tomar esa motivación y proactividad, llevándola a la práctica con éxito es la principal finalidad de este libro.

Es por esta razón que recomiendo a los emprendedores que en todo momento deben empaparse de información actualizada, contrastada y práctica sobre cómo transformar una idea en un negocio y convertirlo en un negocio rentable, estudiando cómo lo han hecho otros emprendedores y de esta forma puedas evitarte los errores por los que han pasado.

Pero ojo, no sólo estudiar de aquellos emprendedores que hablan únicamente de sus éxitos, sobre todo de aquellos que hablan de sus fracasos y de cómo a pesar de los obstáculos vividos alcanzaron sus sueños.

Si estás buscando seguridad, olvídala, nadie te la puede garantizar.

Pero lo que si te puedo garantizar es que todo el mundo tiene las habilidades necesarias para sacar una idea adelante, simplemente es que a la mayoría de personas el miedo les detiene.

No te preocupes, es normal tener miedo, pero lo que necesitas ahora mismo es atreverte y salir de tu zona de confort, y con este libro te ayudaré a logarlo.

He redactado este libro de forma amena, sencilla y fácil de leer. Un libro que puede ser comprendido y aplicado tanto por una ama de casa que quiere iniciar su negocio desde su hogar, como por un profesional que quiera independencia financiera y laboral en cualquier parte del mundo.

En las siguientes páginas te proporciono un método de preguntas y respuestas que debes realizarte antes, durante y después en el arduo y difícil viaje al que se enfrenta el emprendedor.

No pretendo engañarte y decirte que tu idea será un éxito rotundo 100%, pero lo que sí pretendo es guiarte a que lo intentes y que con la experiencia de otros puedas avanzar más rápidamente, evitar dar pasos en falso, y conseguir un negocio rentable y duradero.

La misión principal de este libro consiste en comprender desde una perspectiva realista y sincera qué debes saber y a qué te enfrentaras para convertir tu idea de negocio en un negocio rentable.

Yo he pasado por todas las fases y he desarrollado una guía resultado de mi experiencia y asesoría basado en breves cápsulas de preguntas y respuestas prácticas que te ayudarán a dar el salto, empezar o hacer crecer un negocio rentable, así como también pasártelo genial en el camino y por fin, vivir la vida que tanto deseas.

Espero que este libro te funcione. Un fuerte abrazo,

Darilyn Aquino

PRIMERA PARTE

SÉ TÚ, SÉ DIFERENTE

El primer punto que debes considerar antes de emprender y que considero primordial en este camino, es que debes saber quién eres, debes confiar en ti, en cómo eres y las habilidades que tienes.

Con este libro no voy a decirte que inventé una nueva fórmula mágica con la que tu idea será la "bomba", pero si te voy a ayudar a avanzar con lo que ya tienes y puedas aportar un "valor añadido" que te diferenciará del resto y logrará que tu idea no sea una más del montón, además de que tu cliente potencial te prefiera a ti sobre los demás.

La base para conseguir que te prefieran a ti sobre los demás consiste en ser tú, potenciando tus habilidades y aportar ese valor añadido para que tus clientes confíen en ti.

Para esto, debes ser capaz de ser genuino e ignorar a los críticos.

No debes tener miedo a ser tú, a ser genuino por la crítica de terceros.

Si nunca quieres que te critiquen, entonces quédate paralizado y no hagas nada.

¿Cuáles son las dos excusas más frecuentes que te impiden emprender un negocio?

¿QUÉ ES EMPRENDER?

La definición más directa que te puedo dar extraída de mi experiencia:

"Emprender es atreverte a forjar tu propio camino".

Así sin más, el día a día de un emprendedor consiste en enfrentarse al mundo, a obstáculos y dificultades buscando la manera de superarlas a través de la persistencia. Un emprendedor no es un "empresario" común, ya que está hecho con otro tipo de material, son una mezcla de superación, de incertidumbre y aprendizaje constante.

El fracaso para el emprendedor no es un obstáculo, sino un escalón más hacia el camino de la meta. Lo incierto les proporciona adrenalina. Están llenos de visión, creatividad y posibilidades. Un emprendedor es aquel que se atreve a arriesgar por un sueño que entiende le llevará a la felicidad.

Lo que distingue a un emprendedor de una persona común, es que el emprendedor es capaz de materializar las ideas que tiene, aunque tenga miedo.

Recuerda, es normal tener miedo, es parte del proceso.

Lo más importante de este punto, es que para emprender debes ser capaz de estar dispuesto a fracasar, pero no solo a fracasar sino que también debes estar dispuesto a levantarte.

Ahora quiero que levante la mano el emprendedor de éxito que a la primera lo ha conseguido sin fracasar en lo más mínimo. No veo ninguna mano levantada.

> *Un fracaso no es determinante y no debes obsesionarte con ellos. Si fracasas levántate e inténtalo de una forma diferente. Es lo que diferencia a los emprendedores del resto.*

Concéntrate en perder el miedo al fracaso y establecerte objetivos reales, teniendo muy claro tu ¿Por qué?.

Si tienes claro: ¿por qué lo haces? , y ¿cuál es el valor añadido que te diferencia del resto? Te aseguro que cuando lances tu negocio todo te será más fácil y llevadero.

¿CUÁLES SON LAS DOS EXCUSAS MÁS FRECUENTES QUE TE IMPIDEN EMPRENDER UN NEGOCIO?

NO TENGO IDEAS DE NEGOCIO.

Puede que la oportunidad la tengas frente a ti, en tu día a día. Y no has caído en cuenta que esa carencia, eso que tú necesitas también pueden necesitar más personas. O también puede ser que eso que tanto te apasiona pueda convertirse en una idea de negocio viable.

Hoy en día existen variedades de productos y servicios para todos los gustos. Por lo que tu idea de negocio debe surgir de una reflexión profunda y lo más recomendable de una experiencia personal.

Si quieres más detalles en este punto te recomiendo que entres a mi website www.Darilynaquino.com donde te puedes inscribir al curso gratuito: "Encuentra y valida una idea de negocio en 7 días". Donde podrás encontrar una idea de negocio alineada a tus habilidades más fuertes y validar si tiene una demanda, un mercado.

A continuación te proporciono 12 maneras con las que puedes encontrar una idea de negocio en cualquier parte del mundo donde te encuentres:

1. Aporta soluciones a problemas cotidianos.

2. Ofrece algo que ofrezcan los demás, pero que podrías hacer mejor aportando un valor añadido. Cambia la forma en que el mercado está haciendo las cosas.

3. Cubrir un nicho dejado por las grandes empresas.

4. Aprovecha las nuevas tendencias de consumo.

5. Mejora algo que ya existe.

6. Busca algo en donde aproveches tus ventajas competitivas.

7. Resuelve una carencia que exista en el mercado.

8. Resuelve algo que te molesta.

9. Haz una versión más barata de un producto existente.

10. Combina distintos productos.

11. Importa ideas de otros mercados y adáptalas a tu país.

12. Busca la especialización para diferenciarte del resto.

Recuerda que lo importante no está en la idea, sino en la motivación y el valor que aportas. Apuesta por conceptos basados en oportunidad y confía en tu capacidad para sacar hacia adelante tu proyecto.

Tener una idea de negocio no será suficiente para que tu cliente te compre. La clave está en el valor añadido que aportas y salir a la calle y darlo a conocer.

FALTA DE RECURSOS:

Muchos emprendedores no dan el paso por falta de disposición de dinero para hacerlo. Si te encuentras en esta situación debes preguntarte: ¿Cuáles formas existen para conseguir el dinero para poner en marcha mi idea de negocio?

A continuación te facilito un listado para conseguirlo:

• Solicitar prestado a amigos o familiares.

- Atraer inversores profesionales o *"business angels"*.

- Solicitar financiación a entidades bancarias.

- El crowfunding (son plataformas de internet para financiar proyectos).

- Financiación Pública.

- Acudir a foros de inversión: donde te ponen en contacto con inversores privados.

- Plataformas empresariales: donde empresas de todo tipo de tamaño apoyan a emprendedores organizando concursos o programas de incubación.

Una vez tengas claro de donde obtendrás los recursos, lo siguiente es que debes preocuparte por controlar los costes y planificar donde invertirás cada euro/dólar que tienes para el proyecto.

SEGUNDA PARTE

¿CÓMO EMPRENDER CON ÉXITO EN TIEMPO DE CRISIS?

Emprender es una actitud de superación ante la vida, pero emprender en tiempos de crisis sólo es para pocos que tienen más coraje y hambre de evolución.

En los tiempos que actualmente corren donde por todas partes escuchamos la palabra crisis, desempleo, empresas que echan el cerrojo y cierran sus actividades, existe un grupo, pequeño pero latente, de emprendedores con valentía y ganas de superación que se han enfrentado a esta "crisis" y han emprendido, el largo camino de lanzar su negocio exitosamente.

Por mi experiencia, pienso que cualquier persona que se lo proponga tiene el potencial y que tu idea de negocio es posible, no obstante, los tiempos de "crisis" que vivimos.

Es por esto que quiero proporcionarte las siguientes pautas de cuáles son los denominadores comunes que poseen los emprendedores exitosos para que puedas aplicarlas:

1. Tienen una estructura con capacidad para gestionar y adaptarse rápidamente al cambio del entorno.

2. Comienzan en pequeño, con un equipo de confianza y bien preparando, donde se habla de trabajo en equipo y no de trabajadores.

3. El marketing es una de sus armas esenciales, recurren a las nuevas propuestas de marketing que existen en el mercado. Invierten en marketing pero orgánicamente.

4. Tienen constancia, humildad y fé en sus proyectos: en tiempos difíciles la persistencia es la base para obtener resultados, ya sean a mediano-largo plazo.

5. Arrasan los tipos de negocio tecnológicos gracias al internet.

Nacer y crecer como negocio en tiempo de crisis desarrolla una resistencia y tolerancia que muy pocas empresas nacidas antes de la crisis poseen.

Tienes que ser más proactivo, eficiente y aprovechar cada oportunidad cada dólar/euro que inviertes. Constantemente convives con la incertidumbre y con desafíos que debes afrontar.

Toma nota de lo anterior ya que estar en tiempos de crisis no significa tirar la toalla y dejar de lado la consecución de tus sueños de un negocio rentable. Recuerda que en todo emprendedor exitoso prima la persistencia y su capacidad de superación constante.

La oportunidad real está en saber llenar vacíos.

20 RAZONES PARA INICIAR TU PROPIO NEGOCIO

Si quieres ser un emprendedor de seguro has escuchado un sin número de razones por las cuales no empezar tu propio negocio, tales como: puedes endeudarte, no tendrás vida social, es muy arriesgado, olvídate de tu familia, en los 5 primeros años de vida muere la mitad de las empresas, etc.

Todas estas excusas son muy comunes, pero lo que de verdad se esconde detrás de cada una de estas es el miedo, el miedo a arriesgarte, el miedo al qué dirán, el miedo a que piensen que tu idea no es buena, el miedo a si resultará, en fin, el miedo en general.

Sin embargo, a pesar de estos "contras", cada día son más las personas que se sienten atraídas hacía el mundo del emprendimiento.

Pero, ¿por qué se sienten atraídos tantos emprendedores a iniciar su propio negocio a pesar de tener miedo? Porque tener tu propio negocio significa tener las riendas de tu vida y cuando tienes un negocio eres tú quien decide 100% en las 24 horas de tu vida y en todos los aspectos de tu vida.

Ahora toma nota de las 20 principales razones que han motivado a muchos emprendedores y que te motivaran a dejar el miedo de lado y empezar tu propio negocio:

1. Flexibilidad: trabajar a tu ritmo y las horas que quieras.

2. Dinero: no depender de un sueldo fijo.

3. Perseguir tu pasión: puedes hacer lo que de verdad te hace feliz, te llena y te apasiona.

4. Ayudar a las personas: ofrecer productos o servicios para mejorar de alguna forma la vida de las personas.

5. Crear tu propio equipo: tú decides a quién contratar y quién puede entrar en tu empresa.

6. Dejar huellas en el mundo: trascender, dejar un legado.

7. Imponerte nuevos retos todos los días.

8. Trabajar desde donde quieras.

9. Construir una marca personal.

10. Nunca te preocuparás por ser despedido: eres tu propio jefe.

11. No hay nada que te detenga, tú pones tus límites.

12. Tú tomas las decisiones y pones las reglas.

13. Recibir reconocimiento público.

14. Tener tiempo libre para ti mismo y para tu familia.

15. No tener que pedir un aumento de sueldo.

16. Evitar la rutina.

17. Tener poder para tomar las decisiones importantes.

18. Tomar el riesgo y cosechas las recompensas.

19. Encontrar balance entre vida personal y trabajo.

20. Convertirte en mentor: tomar los conocimientos adquiridos y compartirlos con los demás.

Existen muchos motivos para no hacerlo, encuentra dentro de ti los motivos reales para hacerlo.

¿CUÁLES CARACTERÍSTICAS DEBE TENER UN EMPRENDEDOR PARA MONTAR UN NEGOCIO EXITOSO?

Si tienes ganas de emprender debes saber que el camino del emprendimiento es arduo, laborioso y hay que tener mucha paciencia.

Muchos creemos que somos cualificados para hacer realidad nuestros sueños de emprender un negocio, ya sea online o a través de mercados tradicionales. Sin embargo, el 15% de los emprendedores desisten de su negocio a los dos años de vida.

Si no quieres formar parte de ese grupo de emprendedores que sólo dura dos años de vida, toma en cuenta las siguientes características de emprendedores exitosos. Dichas características, si no las posees, debes empezar a cultivarlas y desarrollarlas desde ya:

1. Debes estar dispuesto a invertir horas y horas en tu idea. Gestionar un negocio nuevo toma mucho tiempo, especialmente si quieres crecer.

2. Si hablas con cualquier emprendedor exitoso te dirá que no hace lo que hace por dinero, ya que aspiran a contribuir con su producto o servicio a cubrir las necesidades de personas haciendo sus vidas más fáciles o mejorándolas.

3. Saber delegar en terceros. Cuando inicias, es normal que lo abarques todo, o por lo menos lo intentes, sin embargo llegará el momento en que necesitarás enfocarte en las partes más importantes del negocio y delegar.

4. Ser paciente, constante y perseverante. El éxito no llega de un día para otro.

5. Poseer capacidad de innovación.

6. Tener capacidad para asumir el fracaso y de ser así, capacidad de reorientar tu idea de negocio inicial.

7. Tener capacidad para manejar los imprevistos.

8. Confiar en ti mismo y en tus instintos.

9. Saber vender tu idea.

10. Tener capacidad para planificar a largo plazo.

11. No busca la seguridad laboral

Un emprendedor debe ser capaz de salir de su zona de confort, de crear sus propias reglas y reaccionar ante los cambios.

¿CUÁLES SON LAS PRINCIPALES FORMAS PARA ADQUIRIR MENTALIDAD EMPRENDEDORA?

Cuando decides emprender, todo inicia en tu cabeza. Los emprendedores exitosos lo tienen bien claro y diariamente trabajan su mentalidad emprendedora o "mindset".

El mindset es la clave esencial que diferencia a un emprendedor de éxito con los que no lo son.

Pero, ¿cuáles son las 3 principales formas de adquirir esta mentalidad emprendedora?

1. Positivismo y constancia: evita el miedo al fracaso siendo constante y manteniéndote positivo. Es recomendable que realices algún tipo de ejercicio (yoga, meditación, reflexión,

etc.) a primera hora de la mañana de forma diaria, antes de comenzar tu jornada laboral, con el cual te motives y te recuerdes ese motivo fundamental por el cual estas emprendiendo. Tu ¿por qué?.

2. Ten claro cuáles son tus objetivos: debes enfocarte y estar 100% consciente de hacia dónde quieres llegar y cuáles son los pasos que debes tomar diariamente para alcanzar tus objetivos. Si no sabes hacia dónde vas, nunca llegarás.

3. Mantén la sed de conocimiento: es necesario que estés constantemente abierto a adquirir nuevas habilidades y conocimientos. Un emprendedor exitoso es multidisciplinario, está dispuesto a aprender de todo un poco para obtener conocimientos, aunque sean básicos, de las principales líneas y departamentos de su negocio.

Para esto recomiendo, leer muchos libros de diferentes temas, de negocios, de superación personal, de administración, ir a cursos, talleres, seminarios, en fin, estar en constante aprendizaje y evolución.

Si no sabes hacia dónde vas, nunca llegarás.

¿EN QUÉ TE PUEDE BENEFICIAR ADQUIRIR UNA MENTALIDAD EMPRENDEDORA?

- Anticipar que es muy difícil que del primero intento lo vayas a lograr y estar preparado para superar el fracaso y continuar con más fuerzas.

- Ser más innovador y creativo.

- Descartar lo que no es prioritario y enfocarte en lo que de verdad es importante.

- Aumentar la confianza en ti mismo.

- Mejorar tu capacidad para delegar, manejar equipos y situaciones difíciles frente a los clientes.

- Confiar en tus instintos.

- Ser más receptivo a nuevas ideas que te pueden llegar.

RAZONES POR LAS QUE FRACASAMOS AL EMPRENDER Y CÓMO EVITARLAS

Como te señalaba en un punto anterior, si quieres emprender debes estar dispuesto a fracasar. No debes obsesionarte con fallar, es parte del proceso del emprendedor.

Debes dejar de lado el miedo a fracasar y correr el riesgo.

Sin embargo, a pesar de que debes estar consciente de que las cosas pueden no salir bien, si conoces por qué fracasan muchos emprendedores, te ayudará a estar alerta e intentar evitarlos dentro de tus posibilidades.

Es por esta razón que te brindo un listado de las 9 razones más frecuentes que cometen los emprendedores y te digo cómo evitarlas:

1. Falta de planificación del negocio: es necesario tener un plan de negocios por escrito. Ten en cuenta que aunque muchos digan que el plan de negocios es un paso muy tradicional, es importante que conozcas la información clave relacionada a tu negocio y sector.

   Cuando te sientas a diseñar un plan de negocios es cuando realmente te das cuenta de cómo vas a Convertir tu Idea en un Negocio Rentable.

   No tiene que ser el plan de negocios tradicional, lo que si debes tener claro en esta parte y desde el principio son tus límites y con qué cuentas.

2. Falta de experiencia: antes de emprender debes tener por lo menos conocimientos básicos de tu mercado, ya que no te puedes enfrentar a un mercado al cual no manejas, conoces o no te has enfrentado previamente.

Si no los posees busca a terceros que puedan guiarte en esta parte.

3. Ignorar a la competencia: nunca subestimes a la competencia, tanto si es muy grande como muy pequeña. Un negocio sin competencia puede significar que no hay mercado, pero en un negocio que su mercado esté saturado tendrás que trabajar bastante o mejor especializarte, para poder destacar del resto.

4. No tener suficiente marketing: el marketing es una pieza fundamental de todo negocio en su fase inicial.

En tu plan de negocios inicial debes tener presente tu plan de marketing y presupuesto destinado a esta área. Sin marketing no llegarás a tus clientes y nunca te conocerán, por lo tanto no tendrás negocio.

5. Falta de dinero: sin la financiación no puedes despegar, por eso es necesario calcular el dinero qué vas a necesitar, incluso presupuestar un poco por encima de lo previsto y determinar desde el inicio:

- El dinero con que cuentas

- Los gastos que generará tu negocio

- Previsión de fecha para generar ingresos

Recuerda que es muy difícil tener éxito de la noche a la mañana, muchos emprendedores tardan meses o años en generar lo suficiente para autofinanciarse. Sin embargo con las nuevas tecnologías, en la actualidad es posible emprender con poco dinero, por ejemplo: los negocios online.

6. Un equipo sin experiencia: si comienzas a emprender sólo y no tienes experiencia es recomendable que busques un socio que te cubra esa falta, alguien que "ya estuvo ahí ".

    Si decides emprender con un equipo que te respalde en las diferentes áreas que componen tu proyecto, es recomendable que este equipo tenga dominio y experiencia del aspecto de tu negocio que se va a manejar, ya que de lo contrario esta inexperiencia te retrasará e incluso puede entorpecer el inicio y dinámica de evolución de tu empresa.

7. No tener mercado: al inicio debes plantearte hacer una investigación de mercado, ya que debes verificar que existe una demanda de tu producto o servicio y que existen competidores.

    No te fíes únicamente de tu percepción personal de que crees que tienes la mejor de las ideas sin antes encuestarla y examinar tu público objetivo.

8. No tomar en cuenta al cliente: siempre debes poner al cliente en primer lugar, ya que es lo más importante de tu negocio. Si creas un negocio es para satisfacer las necesidades que demanda ese cliente, por lo que enfoca tu empresa a satisfacer a tu público objetivo, ese que ya has determinado previamente cuando elegiste tu idea de negocio y a quien determinaste le ibas a ofrecer un producto/servicio con valor añadido.

9. Abandonar muy pronto: un emprendedor debe ser una persona persistente y resistente a los cambios, obstáculos o dificultades que se te puedan presentar en el camino. No puedes darte por vencido a la primera, toma en cuenta que emprender no es fácil y de seguro te encontrarás con momentos de agobio o tensión, pero no puedes tirar la toalla, por lo que recomiendo que auto motivarte constantemente, o tener un círculo cercano de personas que te motiven en esos difíciles momentos que se te presentaran.

Si hay gente interesada en tu producto y gente dispuesta a pagar por ello, el fracaso no debe formar parte de tu camino.

TERCERA PARTE

¿ES LA IDEA DE NEGOCIO LO MÁS IMPORTANTE PARA TENER UN NEGOCIO EXITOSO?

No, no lo es. Lo relevante es la motivación. Tú y tu capacidad de auto motivación son más importante que tu propia idea. Sin esos dos ingredientes no llegarás a ningún lado.

La ejecución de la idea con estos dos componentes convierten un proyecto en un negocio.

Una idea puede aparecer en cualquier momento, es un medio pero no la clave. La clave está en que esa idea tenga un mercado, personas dispuestas a pagar por ello.

Es por ello, que recomiendo que cuando encuentres tu idea de negocio, examines detenidamente el mercado, el público al que quieres vender y que comprará tu producto/servicio.

¿CÓMO ENCONTRAR UNA IDEA DE NEGOCIO?

Una idea puede aparecer en cualquier momento y en cualquier sitio. Sentarse a esperar que llegue a la idea no sucederá, tienes que moverte y salir a buscarla.

Si eres una persona observadora detectarás un sin número de oportunidades susceptibles de convertirse en esa gran idea que buscas en tu día a día.

A continuación te proporcione 16 formas de encontrar esa idea de negocio que tanto estás buscando pero que al mismo tiempo tengan oportunidad de negocio:

1. Resuelve algo que te molesta.

2. Encuentra clientes infraservidos o supraservidos.

3. Aplica tus habilidades a un campo nuevo.

4. Haz una versión más barata de un producto existente.

5. Busca nuevos nichos.

6. Importa ideas de negocios que funcionen en otros países.

7. Busca frustraciones no resueltas.

8. Aprovecha las nuevas tendencias de consumo

9. Busca ineficiencias en el mercado.

10. Pregúntate: ¿Qué sigue?

11. Mezcla y crea.

12. Busca en nuevas legislaciones o políticas.

13. Piensa en productos o servicios que ofrezcan los demás, pero que tú podrías hacer mejor.

14. Busca algo en donde aproveches tus ventajas competitivas.

15. Nuevas tecnologías o productos.

16. Cubre un nicho de mercado dejado por las grandes empresas.

Actualmente, el éxito de muchas ideas de negocio radica en la especialización dentro de un nicho de mercado.

SORPRESA 1: HOJA DE TRABAJO DESCUBRIENDO TU IDEA DE NEGOCIO

Como regalo sorpresa para ti y porque quiero ayudarte a encontrar una idea de negocio rentable dentro de ti y que está esperando a que la descubras, te proporcionaré una hoja de trabajo donde identificarás oportunidades de negocios alineadas a tus intereses y habilidades.

Tan sólo escríbeme a contacto@darilynaquino.com indicando en asunto: HOJA DE TRABAJO DEL LIBRO DE LOS NEGOCIO RENTABLES, y te enviaré gratis una hoja de trabajo para que encuentres tu idea de negocio.

Hoja de Trabajo

Descubriendo
Tu idea de Negocio

Recíbela gratis escribiéndome a
contacto@darilynaquino.com

VIABILIDAD DE TU IDEA DE NEGOCIO

La mejor manera de saber si la idea de negocio que has decidido va a funcionar es VALIDANDOLA.

Y necesitas validarla antes de comenzar a construir tu producto, servicio o web.

Sin importar lo seguro que estés de que todo el mundo va a querer lo que ofreces, puede que te estés equivocando y puede que no.

Yo he estado en tu lugar y sé que en este punto puede que estés muy confiado de que tienes LA GRAN IDEA, pero hasta que no completes el proceso de validarla, no sabrás si es una idea realista que va a funcionar.

Aún si ya eres un experto en tu sector, no es recomendable que te relajes y pienses que sin validar tu producto o servicio serán un éxito.

Tomarte este tiempo para validar tu idea de negocio, te ahorra tiempo y dinero en el futuro.

No seas del grupo que malgasta tiempo, recursos, dinero en ideas sin validar y sacan al mercado productos que nadie quiere o demanda.

Validar es probar que el concepto de tu idea de negocio va a tener razonable seguridad en cuanto a sostenibilidad, crecimiento y clientes que paguen en cuestión de días, semanas, en lugar de desperdiciar meses o años construyendo algo que finalmente nadie pagaría por ello.

Para este punto muchos recomiendan inicialmente hacer un análisis crítico tanto de forma interna como en una fase posterior dentro de tu plan de empresa.

Este análisis lo puedes realizar detectando tus debilidades, fortalezas, amenazas y oportunidades (DAFO), y lo puedes hacer de la siguiente forma:

PRIMERA PARTE:

Un análisis interno: en este punto se analizan las debilidades y fortalezas relacionadas a las necesidades financieras, al equipo o recursos humanos, el estado del producto, la inversión o el desarrollo tecnológico, la ventaja competitiva, el equipo de marketing, plan de operaciones o de producción.

SEGUNDA PARTE:

Un análisis externo: en este punto se analizan las oportunidades y amenazas frente a sus competidores, análisis del sector y frente a sus partes interesadas (proveedores, legislación relacionada, competidores, gobierno, etc.).

Recuerda que debes ser objetivo y plasmar las cosas tal y como son, no debes exagerar ni minimizar, ya que de este análisis dependerá el éxito y viabilidad de tu idea de negocio.

Para evaluar la viabilidad de tu idea de negocio, yo personalmente recomiendo responder honestamente y con sinceridad las siguientes preguntas:

- ¿Quiénes son mi público objetivo?

- ¿Con mi producto/servicio ofrezco un valor añadido?

- ¿Existe un público para mi producto/servicio?

- ¿Existe una necesidad real de mi producto/servicio, es decir hay personas que están buscando lo que yo ofrezco con mi idea de negocio?

- ¿Existe un público dispuesto a pagar por mi producto/servicio?

- ¿A través de qué canal voy a llegar a mi púbico objetivo?

El proceso anterior va encaminado a determinar la viabilidad de tu idea de negocio, no la rentabilidad. De la rentabilidad te hablaré más adelante.

Los emprendedores de éxito saben que la validación real de una idea de negocio radica en salir a la calle y averiguar si hay clientes dispuestos a pagar por tu producto/servicio.

SORPRESA 2: AUDIO GUÍA ¿ES VIABLE MI IDEA DE NEGOCIO?

Como segundo regalo sorpresa para ti y porque quiero ayudarte, una vez tengas tu idea de negocio elegida, a verificar si es una idea viable. Te proporcionaré una Audio guía dedicada a resolver dudas relacionadas con la viabilidad de tu idea de negocio.

Encontrarás técnicas para saber si tu idea tiene posibilidades de pagar tus facturas a largo plazo y de generar ingresos suficientes para vivir la vida que siempre has soñado.

Tan sólo escríbeme a contacto@darilynaquino.com indicando en asunto: AUDIO GÚÍA DEL LIBRO DE LOS NEGOCIO RENTABLES, y te la enviaré de forma gratuita para que la escuches una y otra vez.

DARILYN DA AQUINO

AUDIO GUÍA

¿ES VIABLE MI IDEA DE NEGOCIO?

**Recíbela gratis escribiéndome a
contacto@darilynaquino.com**

PRODUCTO MÍNIMO VIABLE

Una prueba de concepto puede venir en diferentes formas, dependiendo del tipo de negocio que estas comenzando.

Sin embargo, es importante recordar tu objetivo, exactamente lo que estás tratando de lograr al crear un producto Mínimo Viable (o Prueba de concepto) en el primer lugar.

Eso te ayudará a mantenerte al día en la construcción del tipo de prueba adecuado para tu concepto de negocio.

Tu objetivo al crear un producto mínimo viable es demostrar con certeza razonable que tu negocio tendrá un público sostenible, creciente y pagador.

Este punto está diseñado para hacerte sentir un poco incómodo, pero así son los negocios. Necesitas empujarte a salir de tu zona de confort. Debes sacas el coraje que llevas dentro para compartir tus ideas con tu público objetivo, no tengas vergüenza.

Para esto no es necesario que te pongas a producir o fabricar tu producto a gran escala.

En primera instancia y para esta parte, Google te puede echar una mano haciendo una búsqueda de Palabras Claves en el Keyword Planner (gratis) y de esta manera obtendrás una idea del tamaño potencial de tu mercado ya que Google permite identificar el volumen de búsquedas relacionadas a tu producto/servicio.

En caso de que sea un negocio tradicional y su mercado no se encuentre directamente online, para crear un producto mínimo viable recomiendo que salgas a la calle y pruebes tu producto con tu público objetivo de tú a tú.

Te recomiendo que pruebes tu producto mínimo viable con 10 personas que NO conozcas, como mínimo.

Debes asegurarte que estas personas que no conoces son tu mercado objetivo.

QUE COMPREN ANTES DE CONSTRUIR

Esto se utiliza mucho en los negocios online, muchos emprendedores online crean páginas llamadas Landing donde prueban su producto atrayendo tráfico (atraen a su cliente ideal por publicidad de pago, ejemplo facebook) y dan una fecha de apertura, si ven que su producto/servicio es demandado y su cliente ideal lo "compra o se inscribe", en ese momento es que proceden con la producción/construcción del producto.

¿CÓMO ELEGIR UN SOCIO PARA TU NEGOCIO?

¿Sólo o acompañado? Es una gran pregunta que algunos emprendedores se realizan al momento de iniciar su camino en el mundo de los negocios.

En estos casos lo esencial es tomar las medidas previas necesarias para salvaguardarte de los riesgos que tiene emprender con un socio.

Es una de las preguntas que más controversia puede suscitar, sobre todo si vas a compartir no sólo capital, es decir socios que comparten la titularidad de una sociedad, sino también que compartirás trabajo de la empresa.

Personalmente, la figura del socio solo la recomiendo en casos extremos, específicamente en los casos en que este socio cubra una debilidad o carencia que tengas, de tal manera que tú no puedas cubrirla por ti mismo, ni siquiera subcontratando a un tercero.

Te recuerdo que el camino del emprendimiento es arduo y tiene muchos momentos de soledad, sin embargo esta no es razón para buscar un socio.

Un socio tiene limitantes y siempre hay uno de los socios que se implica más que el otro.

Pero si por la razón que sea has decidido involucrar a un tercero en tu negocio recuerda lo siguiente:

1. Reflexiona sobre el motivo por el cual entiendes necesitas un socio.

2. La elección debe basarse en criterios objetivos, sin ataduras emocionales.

3. Elige que tipo de socio quieres que sea. Si socio capitalista, cuya función es aportar capital en la empresa o socio trabajador, cuya función es participar en el negocio a cambio de trabajo, complementando tus conocimientos en alguna parte del desarrollo del negocio.

4. Deja todo por escrito: en qué y cómo se compromete cada participante, así como también que pasaría en caso de que surjan problemas.

5. Busca una persona que se comprometa a tu mismo nivel.

6. Ese socio debe compartir tu motivación.

7.   Deben compartir valores.

8.   Debe ayudarte sin duplicar tareas.

Los emprendedores principiantes normalmente buscan un socio más por el miedo que por una necesidad verdadera.

PLAN DE EMPRESA

La mayoría de expertos recomiendan redactar un plan de empresa, otros no. En mi caso, lo que recomiendo no es un plan de empresa tradicional, sino más bien una fotografía-visión del proyecto y tus planes de crecimiento en el futuro.

El plan de empresa, sí que es un requisito imprescindible en el caso de que quieras conseguir financiación por terceros,

Esta fotografía/visión te permitirá también adaptar a mejor tu idea, mejorando las probabilidades de éxito, ya que puede detectar fallos en tu idea de negocio.

A continuación te indico lo que todos los planes de empresa generalmente tienen en común:

RESUMEN EJECUTIVO:

Breve introducción del plan de empresa, donde condensas y explicas en una o dos páginas tu idea, basándote en: qué consiste tu idea de negocio, el elemento innovador/competitivo de tu idea de negocio. Resumen del Mercado y necesidad que cubre tu idea de negocio en ese mercado. El estado del producto. Presentación breve de las principales áreas: marketing, equipo, producción, distribución. Las necesidades financieras y la rentabilidad esperada.

DESCRIPCIÓN DEL PRODUCTO O SERVICIO:

Aclarar en qué consiste tu producto o servicio, quienes son tus clientes, el valor diferenciador que aportas y cómo lo vas a ofrecer.

ANÁLISIS DEL SECTOR O ESTUDIO DE MERCADO:

Analiza la situación y el tamaño del sector en el que te desarrollaras, define cuales son los potenciales clientes y la competencia.

RECURSOS HUMANOS:

Indica el equipo humano que necesitarás para desarrollar tu idea, su coste y qué función aportará cada uno.

ANÁLISIS DE OPORTUNIDADES, RIESGOS Y DEBILIDADES:

Anteriormente ya habíamos hablado de este análisis llamado DAFO, es una manera de hacer una radiografía de tu negocio detectando las debilidades, amenazas, fortalezas y oportunidades. Su objetivo es ver la situación real del proyecto, sus fallos, posibles amenazas, planificación de posibles acciones para superarlas. Se plasma claramente lo positivo y negativo de tu idea de negocio.

PLAN DE PRODUCCIÓN O DE OPERACIONES:

Aquí debes cuadrar todos los recursos que pondrán en marcha tu idea de negocio: recursos humanos, materiales y técnicos.

PLAN DE MARKETING:

Ahora que ya sabes qué te diferencia de tus competidores, es hora de llevar a cabo una estrategia que venda tu producto o servicio, haciéndola atractiva para tus clientes. Así como también definir la red comercial con la que contarás y la estrategia de establecimiento de precios.

PLAN ECONÓMICO Y FINANCIERO:

Aquí se trata de cuantificar en dinero, todo lo explicado anteriormente. Este apartado será evaluado profundamente en caso de posibles inversores. Se trata de definir la cantidad de dinero que necesitas para el proyecto, el volumen de ventas previstas, la rentabilidad esperada, las posibles fuentes de financiación y el potencial económico del negocio.

Si no tienes que presentar tu plan de negocio a bancos o inversores, no tienes que cumplir con todos los requisitos anteriores.

En este caso, tendrías que ocuparte principalmente del plan económico financiero y plan de marketing que son la base de la viabilidad de tu negocio.

Si hubiese planificado todo lo que he pasado hasta llegar aquí, la verdad es que no hubiese llegado.

En el camino se presentan constantemente variables impredecibles con las que tendrás que lidiar y que no se encuentran en ningún plan de negocio. Tu capacidad de reacción ante estas variables es lo que va a determinar el rumbo de tu negocio.

Para planificar tu negocio, sal a la calle y prueba en tu mercado, aunque sea a pequeña escala.

10 PASOS PARA CREAR UN NEGOCIO A PRUEBA DE TERREMOTOS:

Crear un negocio es un viaje asombroso lleno de buenas y no tan buenas experiencias donde está garantizado el aprendizaje constante y la evolución, si de verdad te pones a ello.

Todo comienza con una idea, con una propuesta, sin embargo por muy brillante que sea esta idea recuerda que una idea de por sí misma no es un negocio.

A continuación te doy los 10 pasos que debes de seguir para que puedas crear un negocio con buenos fundamentos a prueba de terremotos:

1. Lo importante de la idea es su forma. Y esa forma se plasma en las oportunidades. Tu idea de negocio para ser rentable debe tener, sí o sí, una oportunidad de negocio.

2. Debes definir claramente quien será tu cliente, es decir ¿quién está dispuesto a pagar por tu producto o servicio?

3. Céntrate en el por qué te van a comprar a ti y no a otro.

4. Define cuál es tu propuesta de valor.

5. Crea un modelo de negocio en el cual no tengas tantas perdidas al principio (en el 97% se tienen perdidas al principio) y te de beneficios más rápidamente.

6. Conoce a tu competencia.

7. Planifica cuánto dinero vas a necesitar.

8. Ten claro ¿Cómo vas a ofrecer el producto o servicio?

9. ¿Están tus clientes dispuestos a pagar por tu producto o servicio?

10. Y por último, que el número de clientes que vayan a comprar tu producto o servicio sean lo suficiente como para que tengas y mantengas un negocio rentable.

CUARTA PARTE

DIFERENCIA ENTRE VIABILIDAD Y RENTABILIDAD

Hasta ahora has creado un Producto Mínimo Viable y has validado tu idea de negocio. Has verificado que tienes clientes interesados en tu producto/servicio y que están dispuestos a pagarte por estos.

¡Genial, vas muy bien!

Ahora toca verificar la rentabilidad de tu negocio, es decir ver si ese negocio puede crecer, ser sostenible y escalable.

Tienes que estar preparado para cuando tu negocio empiece a crecer.

¿CUÁLES REGLAS DEBES CUMPLIR PARA TENER UN NEGOCIO RENTABLE?

Es muy importante que enfoques tu atención en los siguientes pasos para tener un negocio exitoso. Dichas reglas deben ejecutarse desde la fase de fundación para ayudarte a llegar a la etapa de crecimiento y posible expansión.

1. ASEGÚRATE DE QUE DISPONES DE UNA RESERVA DE DINERO

Este punto parece explicarse por sí solo, pero por qué entonces tantas empresas se encuentran con falta de reserva de dinero en efectivo. Es porque muchas personas cuando inician un negocio no comprenden el concepto de flujo de efectivo. Flujo de efectivo significa dinero para pagar las facturas.

¿Tienes suficiente dinero en efectivo para afrontar imprevistos? ¿Qué sucede si tu plan no va exactamente como lo planeado? Por eso es importante siempre estar preparados para el peor y mejor de los casos. Mientras que el peor de los casos puede que no suceda, al menos sabrás la gama de posibilidades que tienes y planificarte acorde con ello financieramente.

2. CONSIGUE SUFICIENTES CLIENTES PARA SOBREVIVIR

Mientras que este objetivo también parece obvio, ¿realmente entiendes este punto lo suficientemente bien? ¿Cuántos clientes necesitas alcanzar cada mes? Es decir, ¿Cuántos clientes necesitas para mantener las puertas de tu negocio abiertas? Si no lo sabes, entonces estas dando pasos en el aire.

3.   CREA CLIENTES LEALES

Cuando estas teniendo clientes necesitas hacer todo lo necesario para mantener a estos clientes y que vuelvan donde ti. Este es uno de los puntos vitales de un negocio rentable, es su enfoque operacional en la etapa de fundación. Lo que se tarda en hacer que la gente diga "wow, quiero más por favor!"

Cuando llevas tu negocio a este punto, no es de vida o muerte conseguir nuevos clientes. Ya que estos clientes o volverán o te enviarán a más clientes. Ahora, esto no significa que debas disminuir tus ventas y el marketing ya que para pasar al "siguiente nivel" de la etapa de tu modelo de crecimiento de negocios debes mantener el esfuerzo y ser persistente.

4.   ESTRUCTURA LEGAL APROPIADA

Llegamos al punto administrativo. Una estructura legal adecuada es más importante de lo que crees, no sólo para fines fiscales o legales. Ya que tener una estructura legal apropiada demuestra que su negocio es un negocio real y serio.

Muchas empresas y clientes antes de hacer negocio contigo, van a comprobar el estado de tu negocio y de tu estructura jurídica. Si tu negocio es serio, asegúrate de demostrar todas las características de que tienes un negocio formal, que significa la puesta en marcha de la estructura legal adecuada.

Además, existen impuestos y obligaciones legales que son consecuencia de hacer negocios. No tener una adecuada estructura legal crea riesgo patrimonial para ti y tu familia. Los impuestos y obligaciones legales eventualmente llegarán a tu patrimonio personal, en caso de ausencia de una estructura legal adecuada.

5.   UNA VISIÓN CLARA, TU ¿POR QUÉ?.

Tu visión es la base de todo su negocio. Tu ¿por qué? debe ser relevante para ti. Tu visión puede basarse en un deseo de resolver un problema para tus clientes, en un producto o servicio o en una razón personal.

Este es el "por qué" de tu esfuerzo y debe ser relevante para tu negocio. Tus clientes se percatarán de cómo tu visión se alinea con sus valores.

No te comprometas a grandes cosas. Visión, propósito, valores, escribe estos 3 puntos para que sean la piedra angular invariable de tu negocio. Un emprendedor debe ser flexible con su idea de negocio, pero tu ¿Por qué? debe ser invariable.

Este propósito te ayudará a sobrellevar los momentos difíciles que tiene el camino del emprendimiento. Cree en tu propósito, tu por qué.

6.   LA HABILIDAD DE DESCRIBIR TU NEGOCIO BREVEMENTE

Sin importar qué tipo o tamaño de negocios lleves, debes ser capaz de describir brevemente tu marca a los potenciales clientes, inversores, o incluso familiares y amigos en pocas y cortas frases. Si no lo puedes hacer, debes revisar tu VISIÓN.

7.   LA IMPORTANCIA DE LA MARCA

No subestimes la importancia de la marca. La marca es lo más importante al construir una identidad para tu empresa. Los objetivos para alcanzar una buena marca son: entregar un mensaje de forma clara y concisa, que confirme tu credibilidad, que conecte emocionalmente con tus posibles clientes finales, que motiven al comprador y aseguren la fidelidad del usuario.

8.   NETWORKING

Hibernar está bien para los osos, pero no para las personas. Únete a eventos sociales/ferias/asociaciones que directa o indirectamente estén relaciones a tu negocio y puedas llegar a tus clientes. Utiliza las redes sociales y colaboraciones con otros negocios para ampliar las oportunidades de llegar más a tu mercado.

9.   PERSISTENCIA

Es el fundamento para seguir adelante tanto en los buenos como en los malos momentos.

Muchas de las empresas más exitosas de la historia han fallado en su primer (y en algunos casos segundo o más) intentos.

Los ejemplos notables incluyen Richard Branson de Virgin y hasta Bill Gates de Microsoft. Quizás el ejemplo más famoso de la historia es Thomas Edison y sus muchos intentos de la bombilla de luz. Muchas nuevas empresas fallan o experimentan reveses, pero no puede dejar de intentarlo una y otra vez hasta que den con la fórmula que funciona. Recuerda que es un maratón, no un sprint.

La creación de un negocio no es para los débiles de corazón o para aquellos que quieren ir a toda prisa. Lo esencial es que debes construir sistemas de largo alcance y foco en pequeños pasos.

10.   ENFOQUE.

La habilidad para enfocarte es primordial. Necesitas ser capaz de poder priorizar, establecer tu propio horario, cumplir tus propios plazos, empujarte cada vez más fuerte.

Pero en este punto recomiendo rodearte de personas que te asistan. Cuando estás muy ocupado y no das abasto para todo, te puedes frustrar y perder el enfoque.

Establecer objetivos es la parte más fácil. Permanecer enfocado y ser persistente y responsable en el proceso de alcanzar la meta es la parte más difícil.

No es lo mismo hacer crecer un negocio que iniciar un negocio.

PUNTOS A TOMAR EN CUENTA EN EL CAMINO HACIA UN NEGOCIO RENTABLE:

- Debes tener la capacidad de crear equipo cuando crezcas.

- Todo emprendedor ha cometido un gran error en su vida.

- Debes saber reajustar y readaptar tu idea inicial durante el camino.

- Un emprendedor debe fomentar constantemente su capacidad de lucha, sacrificio y aguante.

- Céntrate en el por qué te van a comprar a ti, no en el qué.

- Desarrolla un modelo de negocios sostenible a medio y largo plazo, que de beneficios rápidamente.

- Debes emprender en sectores o que te entusiasmen, te atraigan o te ilusionen.

- El sector donde te desarrolles debe ser atractivo, donde crezcas y seas rentable.

¿TIENES UN MODELO ESCALABLE?

Es la capacidad para generar ingresos mientras tu negocio va creciendo.

Es la llave de lo que se denomina un negocio rentable.

Es decir, que el negocio sea capaz de crecer y generar el mayor nivel de ingresos posible, con la mínima inversión.

Si tu modelo de negocio es escalable, no tendrá problemas para ser rentable.

Si cuando crezcas seguirás teniendo tu espacio en el mercado, entonces tu modelo de negocio es escalable.

LAS 6 PREGUNTAS CON LAS QUE DEFINIRÁS SI TIENES POSIBILIDAD DE QUE TU NEGOCIO SEA RENTABLE

1. ¿El valor que aporta tu idea es diferente e innovador?

2. ¿Vas a atraer la cantidad de clientes suficientes como para rentabilizar tu idea?

3. ¿Puede mi producto/servicio seguir siendo bueno si mi negocio crece?

4. ¿Cuáles son los recursos que tienes a mano para ejecutar tu idea de negocio?

5. ¿Qué actividades debes llevar a cabo para hacer materializar tu propuesta de valor, que llegue a tus clientes y generar ingresos?

6. ¿Tienes un modelo escalable?

Para tener un buen crecimiento de tu negocio debes saber controlar tus finanzas.

¿QUÉ ES LA RENTABILIDAD ECONÓMICA?

La relación entre los activos o sea el dinero que has tenido que invertir para poder empezar a realizar la actividad y el dinero que has conseguido producir después de todo este movimiento. Ser más rentable no es una cuestión de tamaño, sino de mantenerse simples.

¿CÓMO CONOCER LA RENTABILIDAD DE TU NEGOCIO?

La rentabilidad se mide por una operación sencilla de gastos e ingresos. Tan sólo tienes que tener en cuenta todas y cada una de las cifras de tu negocio, y ubicar correctamente cada una en donde corresponda.

GASTOS A MEDIR PARA SABER SI ES UN NEGOCIO RENTABLE:

- El coste de producción de tu producto o servicio.

- Gastos corrientes: alquiler, teléfono, internet, luz, agua, etc.

- Costes de almacenaje, distribución…

- Gastos no mensuales: seguros, licencias, imprevistos…

- Impuestos.

- Sueldos, incluidos sus seguros sociales.

- Créditos.

- Coste del producto.

INGRESOS A MEDIR PARA SABER SI ES UN NEGOCIO RENTABLE:

En los ingresos, fundamentalmente vas a incluir:

- El precio de tu producto.

- Las cantidades que vendes.

- Las cantidades que necesitas vender para ser rentable.

- Las cantidades que esperas llegar a vender.

Al restar los gastos de los ingresos tendrás el resultado de tu rentabilidad.

Al hacer este cálculo no sólo sabrás si tu empresa es rentable en la actualidad, sino también si puede llegar a serlo y cuántas unidades necesitas vender para que lo sea.

Debes estar preparado para hacer crecer tu negocio.

¿CÓMO CREAR UN NUEVO PRODUCTO O SERVICIO QUE VENDA?

Cuando llega el momento de plantearte qué tipo de producto o servicio puedes lanzar para tus clientes, debes hacer lo siguiente:

Primordial, debes enfocarte en encontrar cuál es la necesidad de tu cliente, cuál es su mayor punto de frustración y luego encontrar la forma de crear productos o servicios que puedan ayudar a resolver ese dolor y puedan conseguir aportarles un valor añadido que les hacía falta y es que tu cliente ideal llegue donde ellos quieren estar.

Estos cuatro pasos te ayudarán a crear productos y servicios que realmente necesiten tus clientes y por los cuales estén dispuestos a pagar:

ESCUCHA A TUS CLIENTES

Una de las cosas más importantes que debe hacer un emprendedor es escuchar a sus clientes; ellos son los que van a ayudarte a construir un negocio exitoso.

Pero escucharles requiere saber de antemano quiénes son, tienes que determinar previamente quién es tu cliente ideal.

IDENTIFICA LA NECESIDAD DE TUS CLIENTES Y DESPUÉS LA SOLUCIÓN

Enfócate primero en lo que demanda tu cliente, en cubrir su necesidad principal y luego ofrécele una solución.

VÁLIDA TU SOLUCIÓN

Ahora que ya sabes quién es tu cliente ideal, reconoces e identifica cuál es su frustración y les provees una necesidad, llega el momento de validar esa idea de tu producto o servicio.

¿Cómo? Haz una prueba con un grupo reducido de personas, no recomendamos familiares ya que generalmente te dirán que tu producto o servicio es fabuloso.

Toma notas del feedback de este grupo reducido de personas, que sin lugar a dudas debe estar compuesto por "posibles clientes ideales". Y si las reacciones son positivas, ya tienes un producto o servicio con potencial para vender.

PACIENCIA Y LA ESTRATEGIA DE COMUNICACIÓN CORRECTA

Los resultados no los vas a obtener de la noche a la mañana, ya que aunque existe una necesidad en el mercado no significa que al siguiente día tu producto o servicio lo estarán comprando por masas. Esto requiere paciencia y constancia, no te rindas.

Una vez puesto el producto en el mercado, también es fundamental utilizar las estrategias de comunicación y marketing correctas.

Buenos productos han fracasado por un marketing malo. Enfócate en despertar emociones, deseos y sentimientos en tus clientes y enséñales que tu producto o servicio es lo que desean y necesitan.

El dato más importante, toma nota de que crear el producto o servicio adecuado y que se venda no significa que tú tienes todas las respuestas. Lo más seguro es que cuando lo lances al mercado tengas que darle una vuelta a algún punto, ya sea porque no te habías percatado o porque algún punto estaba demás.

Por lo que después de ejecutar estos 4 pasos, de seguro tendrás un producto o servicio con demanda y éxito.

Recuerda que a tus clientes debes de venderles lo que quieras pero darles realmente lo que necesitan.

A tus clientes debes de venderles lo que quieras, pero darles realmente lo que necesitan.

ASPECTOS LEGALES QUE TODO EMPRENDEDOR DEBE CONOCER

Si tienes un negocio o estas considerando la posibilidad de crear uno, aquí te presento los 5 puntos legales que debes considerar y que pueden evitarte inconvenientes en el futuro:

1. ESTRUCTURA LEGAL DEL NEGOCIO:

Aunque lo vimos en una pregunta anterior, hago hincapié en este punto ya que es una de las decisiones más importantes cuando se decide crear un negocio.

En este punto es recomendable ser asesorado por un abogado, ya que dependiendo de la elección de la forma jurídica se determinará el capital necesario para su constitución, los límites de la responsabilidad y, en caso de deuda de la empresa, se protegerán y separaran tus bienes personales del patrimonio del negocio.

2. REGISTRAR TUS DERECHOS INTELECTUALES:

Considerado en grandes compañías uno de los bienes más valiosos. Proteger el nombre comercial, el logotipo, las patentes y marcas, debe ser prioritario para todo empresario que aspira a tener una compañía estable y reconocida en el mercado. Este registro debe realizarse con anterioridad a lanzar productos en el mercado, de lo contrario puedes encontrar ciertas dificultades para registrar un nombre o marca que ya ha sido elegida.

3. TENER EN CUENTA LAS OBLIGACIONES FISCALES QUE NACEN DEL REGISTRO Y CREACIÓN DE TU EMPRESA:

A partir de ese momento debes emitir facturas, presentar cuentas, pagar tus impuestos, así como cualquier otro tipo de obligación que te exija la ley del país de incorporación.

4. REDACTAR CONTRATOS CONFORME A TU ACTIVIDAD E INTERESES:

Lo recomendable es buscar un experto en redacción y supervisión de contratos que proteja tus intereses en relación con tus clientes, colaboradores y empleados, conforme a la legislación vigente y dentro del marco de actividad de tu empresa.

5. OBTENER TODAS LAS PATENTES Y LICENCIAS NECESARIAS:

Debes verificar si, además del registro de la empresa, el país de incorporación de tu empresa exige permisos o licencias adicionales, dependiendo del tipo de empresa y las leyes vigentes.

50 IDEAS DE NEGOCIOS RENTABLES PARA 2016-2020:

Aquí está lo prometido al principio, una lista de ideas negocios que no sólo están en auge sino que también puedes crear negocios exitosos si sabes aplicar todo lo que hemos visto hasta ahora:

1. Abrir una tienda online.

2. Negocio de regalos creativos.

3. Tienda de ropa de gimnasio online.

4. Taller de meditación/yoga.

5. Servicio de catering.

6. Diseño y creación de página web.

7. Negocios de alimentación sana.

8. Servicios a domicilio de maquillaje, depilación y arreglo personal.

9. Secretaria virtual desde el hogar.

10. Servicios de coaching.

11. Tutorías escolares.

12. Negocio de tatuajes y piercing.

13. Alojar y enseñar el idioma a los extranjeros.

14. Alquilar habitaciones a extranjeros.

15. Cuidado de mayores/niños.

16. Entrenador personal.

17. Las ventas de garaje.

18. Marketer online (afiliación).

19. Servicios de jardinería.

20. Venta de espacio publicitario en tu blog.

21. Servicios de traducción.

22. Fotógrafo para eventos sociales y blogs de moda y lifestyle.

23. Peluquería para animales domésticos.

24. Community manager.

25. Diseño gráfico freelance.

26. Venta de artículos de segunda mano.

27. Venta de productos digitales.

28. Paseo de animales domésticos.

29. Tiendas online de moda de lujo para niños.

30. Crear una aplicación móvil.

31. Crear una asesoría especializada en el sector tecnológico.

32. Un hotel low cost chic.

33. Una web de comida a domicilio.

34. Generar figuras en 3D.

35. Venta de drones.

36. Detailing Car.

37. Planificador de bodas y eventos.

38. Montar Escuela de Fútbol para niños.

39. Alimentación saludable.

40. Crear plataformas online para enlazar tiendas con clientes.

41. Crear un portal online de empleo.

42. Importar una franquicia de éxito.

43. Crea una plataforma online de cursos.

44. Ser bloguero de moda.

45. Montar un depósito de chatarra.

46. Hacer tiaras para bebés para vender online.

47. Montar un spa.

48. Ofrecer un servicio funerario para mascotas.

49. Alquila automóviles.

50. Pon un lugar de estacionamiento de coches.

NO IMPORTA LO QUE DECIDAS HACER, SIEMPRE CUANDO SEAS FELIZ CON LO QUE HAGAS.

CUESTIONARIO DEL ÉXITO

Este es el cuestionario que debes hacer tras la lectura de este libro, para saber cuál será tu probabilidad de éxito como emprendedor.

Más allá de la idea, es importante que descubras dentro de ti qué es lo que te frena a la hora de emprender y cuáles son tus puntos fuertes.

PREGUNTAS:

1.   ¿TU IDEA DE NEGOCIO TE MOTIVA, ILUSIONA, QUIERES COMENZAR YA?

Sí = 100 puntos

No= -100 puntos

2. ¿TIENES CAPACIDAD PARA ADAPTARTE A LOS CAMBIOS Y A NUEVA INFORMACIÓN?

Sí = 100 puntos

No= -100 puntos

3. ¿ESTÁS DISPUESTO A FRACASAR CON TU IDEA DE NEGOCIO?

Sí = 100 puntos

No= -100 puntos

4. ¿CREES QUE TU IDEA DE NEGOCIO NO VARIARÁ DURANTE EL TRANSCURSO DEL TIEMPO?

Sí = 100 puntos

No= -100 puntos

5. ¿ERES BUENO GESTIONANDO Y ORGANIZANDO?

Sí = 100 puntos

No= -100 puntos

6. ¿ES IMPORTANTE SABER QUIÉNES SON TUS CLIENTES, QUÉ ES LO QUE VAS A VENDER, A TRAVÉS DE QUÉ CANAL Y CÓMO VAS A GENERAR INGRESOS?

Sí = 100 puntos

No= -100 puntos

7.   ¿TE HA DADO MIEDO EN ALGÚN MOMENTO LEYENDO EL LIBRO DE LOS NEGOCIOS RENTABLES?

Sí = 100 puntos

No= -100 puntos

8.   ¿LO IMPORTANTE NO ES LA IDEA SINO TU MOTIVO, TU ¿POR QUÉ?

Sí = 100 puntos

No= -100 puntos

9.   ¿PARA SER EMPRENDEDOR DEBES SALIR DE TU ZONA DE CONFORT?

Sí = 100 puntos

No= -100 puntos

10.   ¿TU VENTAJA COMPETITIVA O "VALOR AÑADIDO" ES LO QUE EN PRINCIPIO HARÁ QUE TU PÚBLICO OBJETIVO TE PREFIERA A TI?

Sí = 100 puntos

No= -100 puntos

Al acabar este cuestionario tendrás claro si quieres seguir o no con tu idea de negocio y si estás preparado para emprender. Recuerda que la mayor puntuación es 1000 puntos.

Si tienes comentarios escríbeme un email a contacto@darilynaquino.com Estoy aquí para ayudarte.

Y AHORA QUÉ

Acabas de terminar de leer el libro. ¿Y ahora qué? Es momento de hacer los ajustes necesarios y dar un paso hacia delante de iniciativa.

Has podido comprobar por ti mismo que no te estoy proporcionando una fórmula matemática precisa con la cual obtendrás un resultado exacto, sino más bien unas reglas generales que han aplicado y continúan aplicando en su trayecto emprendedores exitosos de todas partes del mundo, seres humanos como tú y como yo de carne y hueso, a los cuales tú puedes alcanzar e incluso sobrepasar.

Ahora te toca a TI estar totalmente comprometido con la misión de iniciar o hacer crecer un negocio rentable. Céntrate en lo que has extraído de cada una de las preguntas y respuestas y estarás alineado para conseguir grandes resultados.

De verdad, espero que hayas encontrado en estas páginas valor real y práctico para aplicar y puedas transformar tu idea de negocio y hacer crecer tu propia empresa de forma rentable y exitosa.

¡Confío en que lo harás!

Un fuerte abrazo,

Darilyn Aquino

SOBRE LA AUTORA

Tras una brillante carrera como abogada internacional, Darilyn Aquino descubrió su gran propósito de vida en el mundo del emprendimiento. En este camino se percató de que existe un patrón para llevar un negocio al éxito y así ha querido plasmarlo en este libro.

Afición que comparte con ser Madre, Bloguera, Abogada de profesión, con Master en Abogacía Internacional y Emprendedora por vocación.

Su misión principal es motivarte a que encuentres la forma de diseñar la vida y el negocio que tanto anhelas.

Quieres saber más de Darilyn Aquino. Entra en su blog: www.DarilynAquino.com

"En este libro te doy todas las preguntas que a un emprendedor se le pueden ocurrir, pero también todas las respuestas directas que realmente necesitas saber"

Darilyn Aquino